과학은 쉽다!

★초등학교 과학 교과서와 함께 봐요!

과학 3-2 물질의 상태
과학 4-2 물의 상태 변화/ 물의 여행
과학 5-1 온도와 열
과학 5-2 날씨와 우리 생활
과학 6-1 지구와 달의 운동
과학 6-2 계절의 변화

* 3~6학년 과학 교과서는 출판사별로 교과 단원 순서가 달라, 순번을 표기하지 않았습니다.

차례

1 날씨에 대해 얼마나 알고 있니? 날씨와 우리 생활

날씨 때문에 못살겠어! • 8 날씨가 우리를 조종한다고? • 14
날씨의 정체를 밝혀라! • 16 날씨가 모여서 기후가 된대! • 18
날씨가 궁금하면 찾아봐! • 20 일기도는 어떻게 읽을까? • 22
구름, 비, 안개는 무엇이 만들까? • 26 바람은 무엇이 일으킬까? • 28
물, 공기, 다 내가 움직여! • 30

더 알아보기 달에도 바람이 불고 비가 내릴까? • 32 도전! 퀴즈 왕 • 34
질문 있어요! 지구에 대기가 없으면 어떤 일이 일어나나요? • 36

2 물이 만드는 날씨 변화 물의 순환과 날씨

땅, 바다, 대기를 돌고 도는 물 • 38 물은 어떻게 수증기가 될까? • 40
구름은 어떻게 만들어질까? • 42 비와 눈은 어떻게 내릴까? • 44
구름, 안개, 이슬은 어떻게 다를까? • 46 왜 물가에서는 안개가 자주 생길까? • 48
공기 중 수증기 양과 우리 생활 • 50

더 알아보기 사람이 비를 내리게 한다고? • 52 도전! 퀴즈 왕 • 54
질문 있어요! 지구의 빙하가 모두 녹으면 어떻게 되나요? • 56

3 공기가 만드는 날씨 변화 _{공기의 움직임과 바람}

공기는 아주 힘이 세! • 58   바람은 어디서 어디로 불까? • 60
공기를 움직이는 태양 • 62   바닷가에서 낮과 밤에 부는 바람 • 64
계절에 따라 바람의 방향이 바뀌어! • 66   무더위, 삼한 사온을 부르는 바람 • 68

더 알아보기 왜 여름에 장마가 들까? • 70   도전! 퀴즈 왕 • 72
질문 있어요! 도로시를 오즈의 나라로 날려 보낸 바람이 실제로도 있나요? • 74

4 태양이 만드는 날씨 변화 _{날씨 변화의 원동력, 태양}

하루 중 가장 추운 때는 언제일까? • 76   태양의 높이에 따라 낮의 기온이 변해! • 78
낮과 밤은 왜 생기는 걸까? • 80   계절마다 태양이 뜨는 위치와 시간이 달라! • 82
계절은 왜 생기는 걸까? • 84

더 알아보기 적도와 북극의 기후는 왜 다를까? • 86   도전! 퀴즈 왕 • 88
질문 있어요! 지구와 태양이 지금보다 더 멀거나 가까우면 어떻게 되나요? • 90

5 사람이 만든 기후 변화 _{지구 온난화와 이상 기후}

지구가 점점 뜨거워지고 있어! • 92   지구 온난화는 왜 일어났을까? • 94
지구 온난화가 불러온 이상 기후 • 96   대기 오염이 날씨에 미치는 영향 • 102
지구 온난화를 막기 위한 노력 • 106

더 알아보기 기후를 바꾸는 엘니뇨와 라니냐 • 108   도전! 퀴즈 왕 • 110
질문 있어요! 지구 온난화를 막지 못하면 어떤 일이 벌어지나요? • 112

① 날씨에 대해 얼마나 알고 있니?

날씨와 우리 생활

날씨 때문에 못살겠어!

초대형 태풍 도라지의 영향으로 서울 지역 학교에 임시 휴교령이 내려졌습니다.

어?

에이, 학교 가서 친구랑 놀고 싶은데.

난 학교 안 가니까 좋아!

여보, 어떡하죠? 난 오늘 도저히 회사를 쉴 수가 없는데.

휴, 나도 중요한 일이 있어서 꼭 출근해야 해요.

서울은 태풍이 와도 피해가 그리 크지 않았으니까 이번에도 괜찮을 거예요.

위험하니까 밖에 나가지 말고 집에서 놀아야 한다.

그래.

누나, 우리 텔레비전이나 보자.

날씨가 우리를 조종한다고?

봄에는 황사, 여름엔 태풍, 가을엔 늦더위, 겨울엔 폭설……. 이래서야 날씨 때문에 못살겠다는 얘기가 나와도 전혀 이상하지 않겠는걸.

생각해 보면 날씨만큼 우리 생활과 밀접하게 관련된 것도 없어. 태풍이나 폭설처럼 엄청난 피해를 몰고 오는 자연재해는 물론이고, 매일매일의 사소한 날씨 변화도 우리 삶에 많은 영향을 미치거든.

뭐? 그런 적 없다고? 그럼 다음 질문들에 한번 대답해 볼래?

날씨가 우리 삶에 영향을 미친다고?

손꼽아 기다리던 소풍날 아침, 눈을 뜨자마자 가장 먼저 하는 일은 뭘까?
맞아! 밖에 비가 오나, 안 오나 확인하는 거야!
비가 내리면 소풍을 갈 수 없으니까.

야호! 날씨가 맑아!

아빠와 함께 공원에서 연을 날릴 때 가장 필요한 것은 뭘까?
그래! 바람이야! 바람이 안 불면
아무리 잘 만든 연도 날릴 수 없어!

얼음낚시는 왜 겨울에만 할까?
물론 겨울이 되어야 얼음이 얼 만큼
기온이 떨어지기 때문이지!

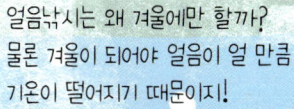

날씨의 정체를 밝혀라!

날씨에 따라 우리가 살아가는 모습은 아주 많이 달라져. 그런데 우리는 이런 날씨에 대해 얼마나 알고 있을까?

우선 '날씨' 하면 떠오르는 말들을 생각해 보자. 비, 구름, 바람, 기온……. 잘했어! 이제 그런 현상들이 어디에서 일어나는지 떠올려 봐.

그래, 날씨 변화는 우리가 살고 있는 지구에서 일어나. 하지만 땅속이나 바닷속은 아니야.

지구 표면은 공기로 둘러싸여 있어. 이 공기를 다른 말로 '대기'라고 해. 날씨는 바로 지구를 둘러싸고 있는 두꺼운 공기층인 **대기권**에서 일어나.

다시 말해 **날씨**는 대기권에서 그날그날 일어나는 비, 구름, 바람, 기온 등의 변화라고 할 수 있어. '일기' 또는 '기상'이라고도 하지. 덥거나 춥거나, 흐리거나 개거나, 바람이 불거나 비가 오거나 눈이 내리는 것 같은 현상들이 모두 날씨야.

날씨가 모여서 기후가 된대!

날씨는 매 순간 변해. 특히 여름철에는 비가 엄청나게 쏟아지다가 언제 그랬냐는 듯 해가 쨍쨍 내리쬐는 일이 자주 일어나. 그래서 사람들은 날씨를 얘기할 때 '변덕스럽다'는 말을 많이 써.

하지만 한 장소에서 오랫동안 날씨를 관찰하다 보면 때에 따른 날씨를 대강 짐작할 수 있어. 예를 들어 우리나라의 여름 날씨를 모두 모아 보면 평균적으로 나타나는 특징들을 찾아낼 수 있어. 덥고, 비가 많이 오고, 습하다는 식으로 말이야.

이렇게 한 지역에서 오랜 기간 동안 보이는 기온, 비, 바람 등의 평균적인 상태를 **기후**라고 해. 날씨가 그날그날 대기권에서 일어나는 변화라면, 기후는 매일매일의 날씨가 모여서 나타나는 변화인 셈이야.

날씨와 달리 한 지역의 기후는 거의 변하지 않아. 우리나라의 여름 기후도 50년 전이나 지금이나 크게 다르지 않아. 그런데 최근 들어 전 세계적으로 기후가 비정상적으로 변화하는 **이상 기후**가 자주 나타나고 있어. 우리나라에서도 늦은 봄까지 폭설이 내리거나, 오랫동안 비가 오지 않아 메마른 날씨가 계속되는 등 이상 기후로 인한 문제가 많아.

날씨가 궁금하면 찾아봐!

날씨가 궁금할 때는 기온, 습도, 기압, 풍향, 풍속, 강수량 등 대기의 상태를 알려 주는 여러 정보들을 살펴보면 돼.

먼저 기온에 대해 알아보자. 보통 땅에서부터 1.5미터 높이에 있는 공기의 온도를 **기온**이라고 해. 기온은 끊임없이 변하기 때문에, 일기 예보에서는 하루 중 가장 낮은 온도인 '최저 기온'과 하루 중 가장 높은 온도인 '최고 기온'을 함께 알려 줘.

습도는 공기 중에 포함되어 있는 수증기의 정도를 말해. 비 오는 날처럼 공기 중에 수증기가 많을 때는 습도가 높고, 맑게 갠 날처럼 공기 중에 수증기가 적을 때는 습도가 낮아.

기압은 공기의 무게 때문에 생기는 압력, 즉 공기가 지구 표면을 누르는 힘이야. 주변과 비교해서 기압이 높은 곳은 '고기압', 기압이 낮은 곳은 '저기압'이라고 해.

물이 높은 곳에서 낮은 곳으로 흐르는 것처럼, 공기는 기압이 높은 곳에서 낮은 곳으로 움직여. 이렇게 기압 차이 때문에 생기는 공기의 움직임이 바로 **바람**이야. **풍향**은 바람이 불어오는 방향을, 풍속은 바람이 얼마나 빠르게 부는지를 나타내.

마지막으로 강수량은 땅 위에 떨어진 물의 양을 뜻해. 일정한 기간 동안 일정한 공간에 내린 비, 눈, 우박, 안개 등의 양을 잰 값이지.

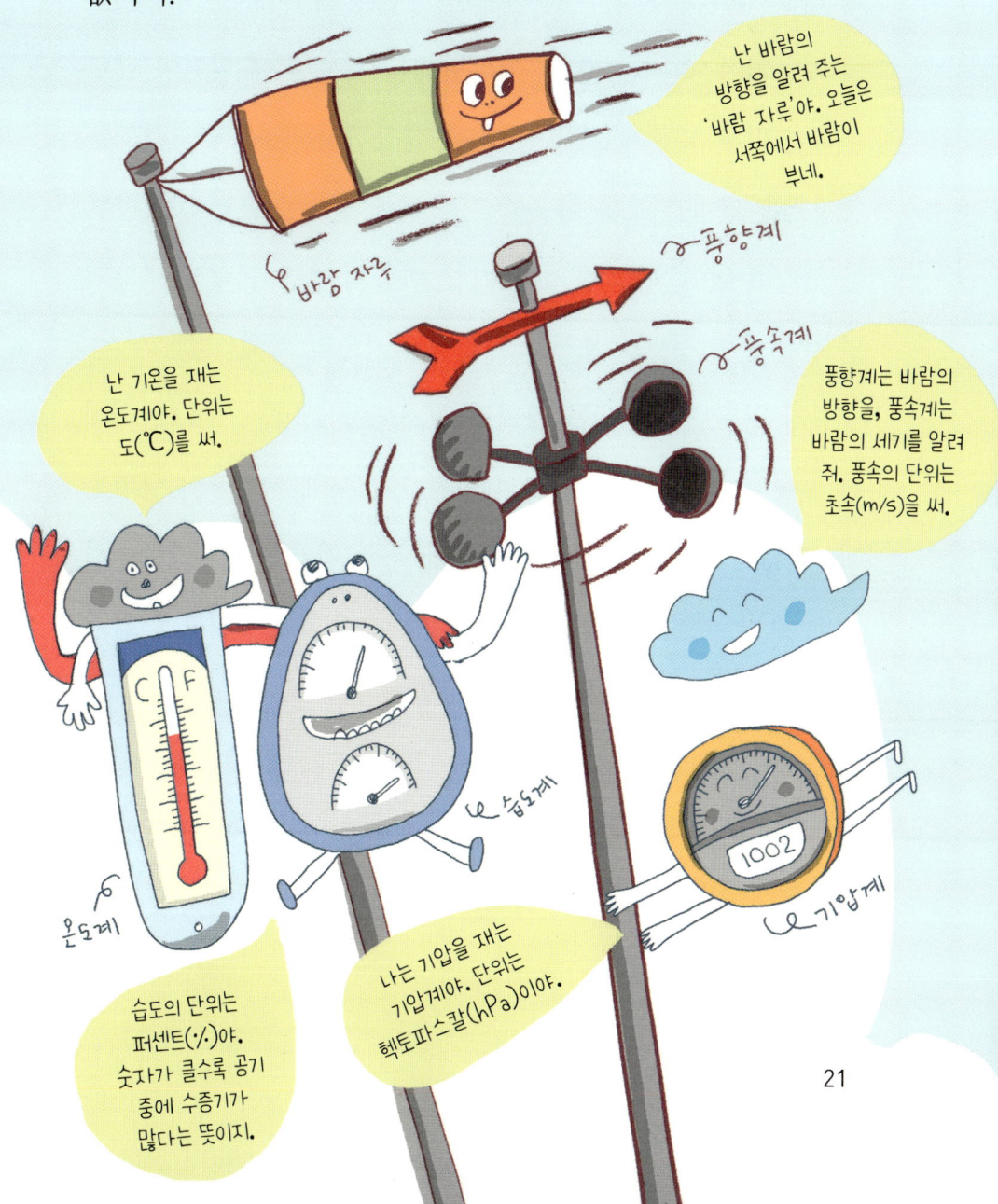

일기도는 어떻게 읽을까?

이번에는 우리나라 전 지역의 날씨를 한눈에 살펴보는 방법에 대해 생각해 보자. 가장 간단한 방법은 지도 위에 날씨를 나타내는 거야. 하지만 각 지역의 날씨를 지도 위에 일일이 말로 쓴다면 너무 복잡하고 알아보기도 힘들겠지? 그래서 사람들은 숫자와 간단한 기호를 이용해 지도 위에 날씨를 표현하는 방법을 생각해 냈어. 이렇게 기온, 기압, 바람의 방향과 세기, 구름의 양 같은 날씨 정보를 표시한 그림을 **일기도**라고 해.

일기도를 보고 날씨를 알려면 일기도에 쓰이는 기호에 대해 잘 알아야 해. 먼저 각 지역의 기압을 표시하는 법부터 살펴볼까? 기압은 숫자로 나타내기 때문에 따로 기호는 필요 없어. 하지만 모든 지역의 기압을 일일이 써 주려면 힘드니까 기압이 같은 곳을 선으로 연결해서 그려. 이 선을 **등압선**이라고 해.

등압선은 보통 4헥토파스칼(hPa) 단위로 그리는데, 등압선의 간격이 좁을수록 기압 차이가 급격히 커져서 바람이 세게 분다는 뜻이야. 반대로 등압선의 간격이 넓으면 기압 차이가 작고 바람이 약해.

이제 바람의 방향과 속도를 표시하는 방법을 알아보자.

일기도에서 바람의 방향과 세기는 구름의 양과 함께 그려 줘.

비, 눈, 안개 같은 날씨 기호도 구름의 양 옆에 표시해.

자, 일기도에 쓰는 숫자와 기호에 대해 알았으니 아래 일기도를 한번 해석해 봐!

구름, 비, 안개는 무엇이 만들까?

그런데 날씨는 왜 매일매일 바뀌는 걸까? 이 질문에 대한 답 역시 일기 예보에서 찾을 수 있어! 일기 예보를 잘 보면 그날그날의 날씨뿐 아니라, 무엇이 날씨를 바꾸는지도 알 수 있단다.

왼쪽 페이지의 일기 예보에 나오는 구름, 비, 눈, 안개, 태풍의 공통점이 뭘까? 힌트는 구름, 비, 눈, 안개, 태풍이 모두 '이것'으로 이루어져 있다는 거야. 설마 아직도 구름이 하얀 솜사탕이라고 생각하는 친구는 없겠지?

자, 답을 알겠니? 그래, 구름을 만들고 비와 눈을 내리게 하는 날씨 변화의 주인공은 바로 **물**이야!

공기 중의 물은 날씨에 큰 영향을 미쳐. 공기 중에 물이 어디 있느냐고? 아무리 봐도 보이지 않는다고? 그건 공기 중의 물이 산소나 이산화 탄소처럼 기체의 모습을 하고 있기 때문이야. 이렇게 기체 상태의 물을 **수증기**라고 해.

공기 중의 수증기는 작은 물방울이나 얼음 알갱이로 모습을 바꾸면서 땅, 바다, 대기를 끊임없이 오고 가. 그 과정에서 구름이 생기고, 비와 눈이 오는 등 날씨 변화가 일어나지.

바람은 무엇이 일으킬까?

이번에는 또 다른 일기 예보를 살펴보자.

아래의 일기 예보는 과연 어떤 내용을 전하고 있는 걸까?

'뭐야, 다 똑같은 말이잖아!'라고 생각했다면, 빙고! 옆의 두 일기 예보는 모두 바람에 관한 이야기거든.

공기가 움직일 때 바람이 분다고 했던 것, 기억하지? 날씨 변화를 일으키는 두 번째 주인공은 바로 **공기**야!

그런데 공기는 왜 움직이는 걸까?

공기의 움직임은 공기의 온도 차이 때문에 일어나. 따뜻한 공기는 가벼워서 위로 올라가고, 찬 공기는 무거워서 아래로 내려가거든. 따뜻한 공기가 위로 올라가면, 주위의 다른 공기들이 밀려와서 그 자리를 채워.

이런 공기의 움직임이 바로 바람이야. 나뭇잎이 흔들리고, 머리카락이 날리고, 모자가 날아가는 건 모두 공기가 움직이고 있다는 증거야.

물, 공기, 다 내가 움직여!

구름은 땅이나 바다의 물이 수증기가 되어 하늘 높이 올라가야 만들어져. 바람은 공기가 이동할 때 불고. 이렇게 날씨는 물이나 공기가 움직이는 과정에서 변화해.

그런데 땅, 바다, 호수, 강에 있는 물은 어떻게 수증기가 되어 하늘로 올라갈까? 만질 수도 없고, 보이지도 않는 공기는 도대체 누가 움직이는 걸까?

장난감 자동차를 움직이려면 건전지가 필요하듯이, 지구의 물과 공기를 움직이는 데도 에너지가 필요해. 지구 전체의 물과 공기를 움직일 만큼 어마어마한 에너지는 과연 어디서 올까?

무지 크고 뜨거워서 지구가 필요한 에너지 정도는 공짜로 막 퍼 주는 그것! 맞아, 바로 **태양**이야! 태양은 지구 표면을 데워서 따뜻한 공기와 찬 공기를 만들고, 땅과 바다와 호수와 강의 물을 수증기로 바꿔. 그러니까 태양이야말로 날씨를 바꾸는 진짜 힘인 셈이야.

> 더 알아보기

달에도 바람이 불고 비가 내릴까?

지금은 바야흐로 우주 시대! 모르긴 몰라도 아마 머지않은 미래에 사람들은 화성이나 달로 여행을 갈 수 있게 될 거야.

만약 네가 달에 여행을 가게 된다면 무엇을 챙겨 갈래? 달의 날씨가 덥다면 얇은 옷이 필요할 테고, 춥다면 두꺼운 옷을 가져가야 할 텐데. 혹시 비가 올지 모르니까 우산도 챙겨야 할까?

달에는 공기도 없고

지구와 달리 달에는 대기가 없어. 이게 무엇을 뜻할까?

날씨는 그날그날 일어나는 대기의 변화라고 한 것, 기억하지? 태양에 의해 따뜻하게 데워진 공기가 위로 올라가면 주변의 찬 공기가 밀려오며 바람이 불어. 또 태양에 의해 수증기로 변신한 물은 하늘 높이 올라가 구름이 되고, 비나 눈이 되어 땅으로 내리지.

하지만 달에는 대기가 없기 때문에 바람도 불지 않고, 구름도 생기지 않아. 당연히 비도, 눈도 내리지 않지. 그러니까 달에 갈 때 우산은 필요 없다는 거!

또 하나! 만약 네가 달에 간 기념으로 땅바닥에 멋지게 네 이름을 적는다면, 아마 100년이 지나도 지워지지 않을 거야. 달에서는 땅에 쓴 이름이 비에 씻겨 내려가는 일도, 바람에 날려 가는 일도 없으니까.

⭐ 도전! 퀴즈 왕

1. 날씨에 대한 설명을 잘 읽고 맞으면 ○, 틀리면 ✕ 표시 하세요.

- 지구를 둘러싼 공기층인 대기권에서 일어나는 변화예요. (   )
- '일기' 또는 '기상'이라고도 해요. (   )
- 우리나라의 여름 기후는 매년 크게 변화해요. (   )
- 날씨는 우리 생활에 큰 영향을 미치지 않아요. (   )
- 달의 날씨는 지구의 날씨와 거의 비슷해요. (   )

2. 날씨를 알려 주는 정보들에 대한 설명으로 틀린 것을 고르세요.

① 땅에서 1.5미터 높이의 공기 온도를 '기온'이라고 해요.

② 비 오는 날은 습도가 낮고, 맑게 갠 날은 습도가 높아요.

③ 주변과 비교해서 기압이 높은 곳을 '고기압'이라고 해요.

④ 공기는 기압이 높은 곳에서 낮은 곳으로 움직여요.

⑤ 등압선은 일기도에서 기압이 같은 지점을 이은 선이에요.

3. 일기도에 쓰이는 기호와 설명을 바르게 짝지어 보세요.

① ●   ㉠ 태풍
② ✳   ㉡ 흐림
③ •   ㉢ 비
④ ↯   ㉣ 눈
⑤ ≡   ㉤ 안개

4. 다음 일기도에 대한 설명으로 옳은 것을 고르세요.

① 우리나라에 남동풍이 불고 있어요.

② 날씨가 흐리고 비가 많이 내려요.

③ 풍속은 초속 12미터로 센 편이에요.

④ 우리나라 서쪽에는 고기압이, 동쪽에는 저기압이 있어요.

⑤ 아침에 짙은 안개가 끼어요.

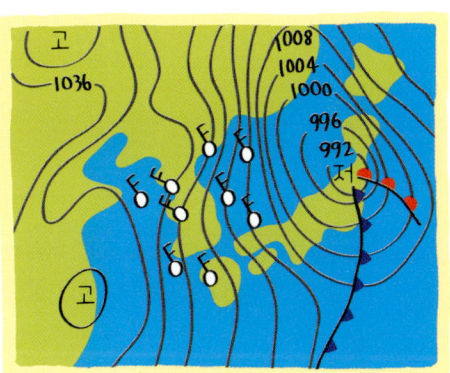

질문 있어요!

 지구에 대기가 없으면 어떤 일이 일어나나요?

대기가 없으면 사람을 포함해 어떤 생물도 지구에서 살 수 없을 거야. 대기는 강한 태양열로부터 지구를 보호하고, 생물이 살기에 적당한 환경을 만들어 주거든. 무슨 말이냐고?

지구의 대기에 있는 산소 덕분에 사람과 동물, 식물은 호흡을 할 수 있어. 또 대기는 낮 동안 태양열을 흡수해서 지구가 지나치게 뜨거워지지 않도록 해 줘. 밤에는 낮 동안 흡수해 놓은 태양열로 지구가 너무 차가워지지 않도록 하고. 낮과 밤의 온도 차이가 심하면 생물이 살기 힘들어. 그래서 대기가 없는 달에는 생명체가 살지 못하지. 이뿐만 아니라 대기는 우주에서 지구로 들어오는 온갖 해로운 물질들을 막아 주는 보호막 역할도 해.

지구의 대기는 지구 표면에서 약 1000킬로미터 높이까지 존재해. 온도에 따라 대류권, 성층권, 중간권, 열권으로 나뉘는데, 그중 날씨 현상은 지구 표면에서 가장 가까운 대류권에서 나타나. 지구 표면에서 약 11킬로미터 높이까지인 대류권은 공기가 아래위로 활발하게 움직여서 날씨 변화가 잘 일어나.

②

물이 만드는 날씨 변화

물의 순환과 날씨

땅, 바다, 대기를 돌고 도는 물

지구는 흔히 '물의 행성'이라고 불려. 지구 표면의 70퍼센트 가량이 물로 덮여 있기 때문이지. 그런데 그 많은 물은 다 어디에 있을까?

지구 표면에 존재하는 물의 97퍼센트는 액체 상태로 바다에 있어. 나머지 3퍼센트는 육지에 빙하, 강, 지하수, 호수 등의 형태로 존재해. 육지에 있는 물의 대부분은 빙하, 즉 고체 상태의 얼음이야. 공기 중에도 아주 조금이긴 하지만 물이 있어. 기체 상태의 수증기여서 우리 눈에는 보이지 않지만.

바다와 육지에 있는 물과 얼음은 태양에 의해 수증기가 되어 대기 중으로 날아가. 그리고 대기 중의 수증기는 비, 눈, 우박, 안개 등 다양한 형태로 바뀌어 바다와 육지로 되돌아가지.

이렇게 물은 고체, 액체, 기체 상태로 변신하며 땅, 바다, 대기를 끊임없이 돌고 돌아. 이런 **물의 순환**은 날씨를 변화시키는 중요한 힘 중 하나야. 이제부터 물이 순환할 때 날씨가 어떻게 바뀌는지 알아보자!

물은 어떻게 수증기가 될까?

물은 우리 눈에 보이지 않는 아주 작은 물 알갱이들로 이루어져 있어. 현미경으로 물을 확대해서 보면 작은 물 알갱이들이 사방으로 끊임없이 움직이는 걸 볼 수 있지.

물 알갱이들 중 어떤 것들은 더 빠르고 활발하게 움직여. 그런 물 알갱이들 중 일부는 물 표면에서 수증기가 되어 공기 중으로 튀쳐나가. 이렇게 물 표면에서 액체인 물이 기체인 수증기로 변하는 현상을 **증발**이라고 해.

증발

물이 수증기가 되려면 끓어야 하는 거 아니냐고? 이런, '증발'과 '끓음'을 착각하고 있구나!

끓음은 물의 온도가 100도일 때 모든 물 알갱이들의 움직임이 활발해져서 일어나. 증발과 달리 물 표면뿐 아니라 속에 있는 물 알갱이들까지 모두 수증기로 변하지.

하지만 증발은 물의 온도와 상관없이 물 표면에 있는 물 알갱이들이 수증기가 되는 현상이야. 공기와 닿는 면이 넓거나, 주위 온도가 높거나, 바람이 불고 습도가 낮을 때 활발하게 일어나지.

구름은 어떻게 만들어질까?

증발되어 공기 중으로 올라간 수증기는 어떻게 다시 땅이나 바다로 돌아올까? 그래, 비가 되어 내리면 되지! 그러려면 먼저 수증기들이 뭉쳐서 물방울이 되어야 할 거야. 수증기들이 서로 뭉쳐서 물방울이 되려면 온도가 낮아져야 해. 그래야 활발히 움직이는 수증기들이 에너지를 잃고 움직임이 느려져서 뭉치게 되거든. 이렇게 기체인 수증기가 뭉쳐서 액체인 물로 변하는 현상을 **응결**이라고 해.

구름은 수증기가 하늘 높이 올라가 작은 물방울로 응결되어 떠 있는 거야. 즉 구름이 만들어지려면 먼저 수증기를 포함한 공기 덩어리가 위로 올라가야 해. 어떻게 올라가느냐고? 공기는 온도가 높을수록 가벼워지기 때문에, 태양이 지구 표면을 데울 때 함께 데워진 공기는 위로 올라가게 돼. 또 찬 공기와 더운 공기가 만날 때, 무거운 찬 공기가 더운 공기를 위로 밀어 올리기도 하지. 이렇게 위로 올라가는 동안 공기는 부피가 점점 커지면서 에너지를 잃어버려서 온도가 낮아져. 이때 그 안에 있던 수증기가 작은 물방울로 응결되어 구름이 되는 거야!

비와 눈은 어떻게 내릴까?

하늘에 구름이 떠 있다고 항상 비가 오거나 눈이 오지는 않아. 비와 눈은 언제 내리는 걸까?

구름을 이루는 물방울들은 워낙 작고 가벼워서 땅에 떨어지지 않고 공기 중을 이리저리 떠다녀. 그러는 동안 주위에 있는 수증기나 다른 물방울들과 서로 부딪치고 뭉쳐서 점점 더 커지지. 구름 속 물방울들이 더는 하늘에 떠 있지 못할 정도로 크고 무거워져서 땅으로 떨어지는 것이 바로 비야. 하나의 빗방울은 약 100만 개의 구름 속 물방울들이 합쳐져서 만들어진다니, 정말 굉장하지?

그럼 눈은 어떻게 만들어질까? 자, 추운 겨울날을 상상해 봐. 높은 하늘 위도 굉장히 춥겠지? 이런 날 구름 속에는 물방울과 작은 얼음 알갱이들이 섞여 있어. 이 얼음 알갱이들이 다른 얼음 알갱이나 물방울과 부딪치고 뭉쳐서 커진 게 바로 **눈 결정**이야.

눈이 내리려면 여기에 한 가지 조건이 더 갖춰져야 해. 바로 지구 표면의 기온이 충분히 낮아야 한다는 거야. 눈이 땅으로 떨어질 때 지구 표면의 기온이 너무 높으면 금세 녹아 버리거든. 그러면 눈 대신 비가 오게 돼.

구름, 안개, 이슬은 어떻게 다를까?

구름과 안개는 비슷한 점이 많아. 둘 다 수증기가 작은 물방울로 응결해 공기 중에 뿌옇게 떠 있는 상태이거든. 차이점이라면 응결이 일어나는 위치가 다르다는 거야. 안개는 땅 가까이에 생기고, 구름은 하늘 높은 곳에서 만들어지지.

그럼 안개와 이슬은 어떻게 다를까? 먼저 이슬부터 살펴보자. 해가 지면 지구는 천천히 식기 시작해. 그중 나뭇가지나 풀잎처럼 땅 가까이에 있는 물체들은 공기보다 더 빨리 식어. 주변의 공기보다 나뭇가지나 풀잎이 더 차가우면 어떤 일이 일어날까? 그래, 공기 중의 수증기들이 나뭇가지나 풀잎에 닿았을 때 응결해서 물방울로 맺히겠지. 그게 바로 **이슬**이야!

안개는 땅뿐만 아니라 땅 가까이에 있는 공기의 온도도 수증기들이 응결할 만큼 차가울 때 생겨. 수증기들이 공기 중에서 바로 응결해서 물방울을 이루는 거야. 이 물방울들이 공기 중에 뿌옇게 떠 있는 상태가 바로 **안개**야!

왜 물가에서는 안개가 자주 생길까?

　이슬과 안개는 땅과 그 주변의 공기가 식으면서 수증기가 응결해서 만들어져. 그렇다면 날씨가 추운 가을, 겨울에만 이슬과 안개를 볼 수 있는 걸까?
　물론 그렇지 않아. 수증기가 응결되는 온도는 현재 공기 중에 얼마나 많은 수증기가 있느냐에 따라서 달라지거든. 무슨 말인지 잘 이해가 안 간다고? 차근차근 생각해 보자!

누나, 어디 있어?

수증기가 물방울이 되려면 서로 엉기어 뭉쳐야 해. 즉 공기의 온도가 같다면 공기 중에 수증기의 양이 많을수록 응결이 더 많이, 더 쉽게 일어나는 거야.

바닷가나 호숫가, 강가처럼 물가에서 이슬과 안개를 자주 볼 수 있는 것은 그래서야. 그런 곳에서는 공기 중 수증기의 양이 다른 데보다 훨씬 많거든.

공기 중 수증기 양과 우리 생활

응결뿐 아니라 앞서 살펴본 증발 역시 공기 중 수증기 양과 관련이 있어. 여름 장마철을 떠올려 봐. 기온이 높은데도 빨래가 잘 마르지 않아서 눅눅한 옷을 입어야 했던 경험, 다들 한 번쯤 있지?

왜 그런 일이 일어날까? 바로 공기 중에 들어갈 수 있는 수증기 양이 정해져 있기 때문이야. 이미 공기 중에 수증기가 많이 있으면, 그만큼 증발이 덜 일어나. 그래서 비가 자주 내리는 장마철에는 증발이 잘 안 일어나고, 빨래도 잘 안 말라.

습도는 공기 중에 수증기가 들어갈 수 있는 양을 100으로 봤을 때, 현재 공기에 있는 수증기의 정도를 표시한 거야. 만약 오늘의 습도가 90퍼센트라면 공기 중에 수증기가 이미 90만큼 찼다는 뜻이야. 이런 날은 아주 습하니까 이불 빨래는 되도록 피하는 게 좋겠지?

와! 햇빛 냄새!

보송보송해!

> 더 알아보기

사람이 비를 내리게 한다고?

 옛날 사람들은 가뭄이 들면 비를 내리게 하기 위해 '기우제'라는 제사를 지냈어. 하지만 지금은 제사 대신 과학적인 방법으로 비를 내리게 해.
 신도 아닌 사람이 비를 내리게 하는 게 가능하느냐고? 물론이야! 자, 비가 오는 과정을 떠올려 봐. 먼저 구름이 만들어져야겠지? 하지만 구름이 있다고 반드시 비가 내리는 건 아니야. 구름을 이루는 물방울이나 얼음 알갱이들이 땅에 떨어질 만큼 충분히 무거워져야 해. 이때 먼지나 연기 같은 '응결핵'은 구름 속 물방울과 얼음 알갱이들이 쉽게 뭉쳐서 커다란 물방울이 될 수 있도록 해 줘.

'인공 강우'는 바로 이 응결핵을 이용해서 비를 내리는 방법이야. 구름은 있는데 비가 내리지 않을 때 비행기나 로켓으로 응결핵 역할을 할 드라이아이스를 구름에 뿌리거나, 아이오딘화 은을 연기로 날려 보내서 작은 구름 물방울을 크고 무겁게 만드는 거지.

구름을 키워 비구름을 만드는 인공 강우 방법은 구름이 없는 건조한 사막 지역에서는 쓸 수 없어. 인공 강우는 구름 속 물방울들을 크게 하는 방법일 뿐, 구름 자체를 만들어 내는 방법은 아니거든. 또 효과에 비해 돈이 너무 많이 드는 데다, 자칫 잘못하면 폭우가 쏟아져서 물난리가 날 수도 있기 때문에 주의해야 해.

하지만 앞으로 과학 기술이 더 발달하면 적은 돈으로, 구름까지 완벽하게 만들어 내는 인공 강우 방법이 나올 수도 있겠지?

2008년 베이징 올림픽을 앞두고 중국은 인공 강우 로켓을 쏘아 올렸어.

비를 내리게 해서 매연을 없애려고 한 거야.

⭐ 도전! 퀴즈 왕

1. 물과 날씨 변화에 대한 설명이에요. 자음을 보고 단어를 맞혀 보세요.

① 물은 ㄱㅊ, ㅇㅊ, ㄱㅊ 상태로 변신하며 땅, 바다, 대기를 끊임없이 돌아요. ------------------

② 물 표면에서 액체인 물이 기체인 수증기로 변하는 현상을 ㅈㅂ이라고 해요. ------------------

③ 공기 중에 있던 수증기가 액체인 물로 변하는 현상을 ㅇㄱ이라고 해요. ------------------

④ 공기 중의 수증기가 작은 물방울로 응결해 하늘에 떠 있는 것이 ㄱㄹ이에요. ------------------

2. 증발이 잘 일어나는 조건에 대한 설명이에요. 빈칸을 채워 보세요.

증발은 주위 온도가 (　　　　)거나, 공기와 닿는 면이 (　　　　)거나, 바람이 (　　　　)거나, 습도가 (　　　　)을 때 활발하게 일어나요.

3. 아래 설명을 잘 읽고 구름이 만들어지는 과정을 순서대로 써 보세요.

① 하늘 높이 올라간 공기가 식어서 찬 공기가 돼요.

② 작은 물방울들이 모여서 구름이 돼요.

③ 땅과 바다에서 증발한 수증기가 하늘 위로 올라가요.

④ 수증기가 응결해서 작은 물방울이 돼요.

4. 아래 설명이 구름, 안개, 이슬 중 무엇을 뜻하는지 써 보세요.

• 공기 중의 수증기가 작은 물방울로 변해 하늘 높이 떠 있어요. (   )

• 공기 중의 수증기가 작은 물방울로 변해 땅 가까이에 낮게 떠 있어요. (   )

• 공기 중의 수증기가 나뭇가지나 풀잎 같은 데 물방울로 맺혀 있어요. (   )

질문 있어요!

 지구의 빙하가 모두 녹으면 어떻게 되나요?

기온이 낮은 극지방이나 높은 산에서는 겨울에 쌓인 눈이 여름이 되어도 다 녹지 못해. 그런 눈이 오랜 기간 동안 쌓이면, 눈의 무게 때문에 아래쪽에 있는 눈 결정 사이의 공기가 빠져나가서 얼음처럼 딱딱해져. 눈싸움을 할 때 눈을 꽁꽁 뭉치면 딱딱해지는 것처럼 말이야. 이런 과정이 오랜 기간 반복되어 만들어진 거대한 얼음 덩어리가 중력에 의해 낮은 곳으로 천천히 이동하는 것이 '빙하'야.

빙하는 육지에 존재하는 물의 75퍼센트를 차지해. 그래서 지구의 빙하가 모두 녹으면 바닷물의 높이가 지금보다 60미터나 높아지게 돼. 특히 북극의 빙하보다 남극의 빙하가 녹는 것이 더 위험해. 북극의 빙하는 대부분 바다 위에 떠 있지만, 남극의 빙하는 거의 육지 위에 있거든.

그게 무슨 말이냐고? 컵에 담겨 있는 시원한 얼음물을 떠올려 봐. 물 위에 떠 있는 얼음은 윗부분만 조금 물 밖에 나와 있고, 대부분은 물속에 잠겨 있어. 따라서 얼음이 녹아도 물의 높이는 크게 달라지지 않지. 북극의 빙하도 마찬가지야.

하지만 남극의 빙하는 얘기가 달라. 육지에 있던 빙하가 녹아서 바다로 흘러들어가면 새로운 바닷물이 더해지는 셈이라서 바닷물의 높이가 높아지게 돼. 그러니까 지구 온난화로 남극의 빙하가 녹아내리면, 바닷물의 높이가 점점 올라가서 지금은 육지인 곳이 바다에 잠길 수도 있는 거야!

③ 공기가 만드는 날씨 변화

공기의 움직임과 바람

공기는 아주 힘이 세!

동화 「아기 돼지 삼형제」 이야기 알지? 늑대가 후 하고 입바람을 불었더니, 짚으로 만든 첫째 돼지의 집과 나무로 만든 둘째 돼지의 집이 휙 날아가 버렸잖아.

동화니까 가능한 이야기라고? 글쎄, 입바람으로는 좀 힘들지 모르지만, 강한 바람에 집이 날아가는 건 그리 드문 일이 아니야. 여름에 우리나라를 찾아오는 불청객 태풍을 생각해 봐! 강한 바람에 베란다 창문이 깨지고, 간판이 날아가거나 자동차가 뒤집히잖아.

바람은 어떻게 그런 무시무시한 일을 하는 걸까? 바람이 공기의 움직임이라고 했던 것, 기억하니?

공기는 가벼워서 무게가 느껴지지 않을 것 같지 않지만, 사실은 그렇지 않아. 대기권의 공기는 양이 엄청나기 때문에 상당한 무게로 지구 표면을 누르고 있어. 그러니까 많은 양의 공기가 빠른 속도로 불어닥치면 자동차나 집이 날아가고, 마을 전체가 쑥대밭이 되는 것도 결코 불가능한 일이 아니야.

바람은 어디서 어디로 불까?

바람이 불기 위해서는 주위보다 공기가 많이 모인 곳과 적게 모인 곳이 있어야 해. 공기의 양이 많은 곳에서 적은 곳으로 공기가 이동할 때 바람이 불거든.

공기의 양이 주위보다 많은 곳은 지구 표면을 누르는 힘인 기압도 높기 때문에, '높을 고(高)' 자를 써서 **고기압**이라고 해. 반대로 공기의 양이 주위보다 적은 곳은 기압도 낮으니까 '낮을 저(低)' 자를 써서 **저기압**이라고 하지.

공기의 양이 많고 적은 것은 공기의 온도에 따라 달라져. 지구 표면의 온도가 올라가면 공기의 온도도 올라가는데, 이때 더운 공기는 가벼워서 하늘 위로 올라가. 그러면 땅 부근에는 남아 있는 공기가 적어져서 저기압이 만들어지지.

반대로 지구 표면의 온도가 내려가면 그 위에 있는 공기도 주위 공기보다 차가워져서 움직임이 둔해지며 가라앉게 돼. 이렇게 많은 공기가 가라앉아 쌓이고 모이면 고기압이 만들어져.

공기를 움직이는 태양

태양은 지구를 똑같이 비추는데 왜 어디는 온도가 낮아서 고기압이 생기고, 어디는 온도가 높아서 저기압이 생기는 걸까?

자, 여기 먹성 좋은 대식이와 입이 짧은 소식이가 있어. 대식이는 한번에 도넛을 열 개는 먹어야 배가 불러. 하지만 소식이는 도넛을 두 개만 먹어도 배가 부르지.

이런 일이 지구에서도 일어나. 한여름 해수욕장에 놀러 갔을 때를 떠올려 봐. 태양이 똑같이 비추는데 모래사장은 발 디디기가 힘들 만큼 뜨겁고 바닷속은 시원하지?

물은 도넛을 열 개는 먹어야 배가 부른 대식이처럼, 온도 1도를 올리는 데 더 많은 에너지가 필요해. 하지만 모래는 도넛을 두 개만 먹어도 배부른 소식이처럼, 에너지를 조금만 흡수해도 쉽게 온도가 올라가.

똑같은 양의 태양열을 흡수하고도 지구 어디에는 고기압이 만들어지고, 또 어디에는 저기압이 만들어지는 이유를 알겠니?

바닷가에서 낮과 밤에 부는 바람

자, 다시 한낮의 해수욕장으로 돌아가 보자. 뜨거운 태양 아래서 신나게 물놀이를 하다 보면 어디선가 시원한 바람이 불어올 거야. 어디서 부는 바람일까?

너무 어렵다고? 에이, 낮에 모래사장과 바다 중 어느 곳의 온도가 더 낮은지 안다면 이미 답은 나온 거나 마찬가지인걸. 같은 양의 태양열을 받았을 때 바다는 모래사장보다 온도가 천천히 올라가. 즉 온도가 더 낮은 바다에 고기압이 만들어지는 거지. 이렇게 해안가에서 낮에 바다에서 육지 쪽으로 부는 바람을 해풍이라고 해.

반대로 밤이 되면 모래사장에 고기압이 만들어져. 왜 그럴까?

온도가 올라가는 데 많은 에너지가 필요한 바다는, 온도가 내려가는 데도 모래보다 더 많은 에너지를 잃어야 해. 즉 바다는 온도가 올라갈 때 그랬듯이, 온도가 내려갈 때도 모래사장보다 더 많은 시간이 걸려. 그래서 밤에는 모래사장 위에 고기압이 만들어져. 이렇게 밤에 육지에서 바다 쪽으로 부는 바람을 **육풍**이라고 해.

해륙풍은 바닷가에서 바다와 육지의 온도 차이 때문에 낮과 밤에 방향이 바뀌어 부는 바람이야.

계절에 따라 바람의 방향이 바뀌어!

해륙풍은 바다에서 멀리 떨어진 곳에 사는 사람은 경험하기가 힘들어. 하지만 우리나라 사람이라면 누구나 지구 표면의 온도 차이에 따라 바람의 방향이 달라지는 것을 경험할 수 있어. 계절에 따라 방향이 바뀌는 **계절풍**이 바로 그거야.

아래 지도를 봐. 여름철 우리나라에는 어느 쪽에서 바람이 불어올까?

이 지도를 보고 해륙풍을 떠올린 친구가 있다면, 모두 박수! 계절풍과 해륙풍은 같은 원리로 만들어지는 바람이거든.

여름에 태양열을 받은 육지는 온도가 빠르게 올라가. 그래서 상대적으로 온도가 낮은 바다 위에 고기압이 만들어지지. 이렇게 여름에 바다가 있는 남동쪽에서 우리나라로 불어오는 바람을 '남동 계절풍'이라고 해.

반면에 겨울에는 육지의 온도가 빠르게 내려가서 바다보다 온도가 낮아져. 그래서 육지에서 바다 쪽으로 바람이 불지. 겨울에 북서쪽의 차가운 대륙에서 부는 이 바람은 '북서 계절풍'이야.

왜 계절풍은 해륙풍처럼 매일 아침저녁으로 바람의 방향이 바뀌지 않는 걸까?

조그마한 바닷가에서는 매일 아침저녁으로 온도 차이가 생기지만, 커다란 육지와 넓은 바다는 데워지고 식는 데 시간이 걸리거든.

무더위, 삼한 사온을 부르는 바람

우리나라의 여름철 날씨를 이르는 말인 '무더위'는 '물더위'란 말이 변한 거야. 온도뿐 아니라 습도가 높아서 눅눅하고 불쾌감이 느껴지는 날씨란 뜻이지. 그런데 이 무더위의 원인이 바람이라는 거 아니?

여름 동안 우리나라 남쪽에 있는 크고 넓은 북태평양에서는 엄청난 양의 수증기가 증발해. 이 수증기를 잔뜩 품은 공기가 우리나라로 불어와서, 우리나라의 여름 날씨는 마치 찜통 속에 있는 것처럼 습하고 푹푹 쪄.

여름철 우리나라는 찜질방이 따로 없어. 북태평양에서 무덥고 습한 바람이 불기 때문이지.

겨울에 매섭게 추운 날이 있는가 하면 포근한 날이 있는 것도 바람의 영향이었구나.

그뿐만이 아니야. 우리나라 겨울 날씨의 특징인 삼한 사온도 바람으로 인한 현상이야. '삼한 사온(三寒 四溫)'은 겨울에 사흘간 춥다가 나흘간 따뜻한 날씨가 반복되는 것을 말해.

겨울에 우리나라에는 시베리아 대륙에서 바람이 불어와. 우리나라 북서쪽에 있는 시베리아 대륙은 무지무지 추운 곳이야. 당연히 이곳에서 불어오는 바람도 몹시 차갑지.

한번 우리나라 쪽으로 공기가 빠져나간 뒤 시베리아 대륙 위에 새로 공기가 쌓이는 데는 보통 나흘 정도 시간이 걸려. 그래서 시베리아 대륙에서 우리나라로 바람이 불어오는 사흘간은 엄청 춥다가, 시베리아 대륙 위에 새로운 공기가 쌓이는 나흘간은 상대적으로 날씨가 따뜻하게 느껴지지.

> 더 알아보기

왜 여름에 장마가 들까?

초여름 우리나라에는 대개 장마가 찾아와. 6월 말에서 7월 말까지 길고 지루하게 비가 내리는데, 연도별로 차이가 있어.

그런데 여름이면 하루 이틀도 아니고 길게는 한 달 가까이 계속 비가 내린다니, 참 신기하지 않니? 대체 이 기간 동안 우리나라 하늘에서는 무슨 일이 벌어지는 걸까?

여름이 다가오면 우리나라를 둘러싼 바다 위에는 고기압이 만들어져. 차가운 바다 위에 공기가 계속 쌓여서 거대한 공기 덩어리가 만들어지는 거야. 그렇게 대개 6월 말쯤 되면 우리나라 하늘 위에는 두 개의 공기 덩어리가 자리를 잡아. 하나는 북쪽의 '오호츠크해 고기압'이고, 다른 하나는 남쪽의 '북태평양 고기압'이지.

이 시기의 오호츠크해는 시베리아 대륙에서 눈 녹은 물이 흘러 들어가서 주변 바다보다 훨씬 차가워. 여기서 만들어진 공기 덩어리도 당연히 차갑지. 반면에 남쪽의 북태평양에서 만들어진 공기 덩어리는 상대적으로 따뜻해.

　이렇게 찬 공기 덩어리와 따뜻한 공기 덩어리가 만나면 어떤 일이 벌어질까? 그래, 무거운 찬 공기가 가벼운 따뜻한 공기를 밀어 올리면서 비구름이 만들어지겠지. 그러니까 여름에 우리나라에는 북쪽의 차가운 공기 덩어리와 남쪽의 따뜻한 공기 덩어리가 만나는 면에 동서 방향으로 길게 비구름이 만들어져서 비가 내리는 거야.

　보름에서 한 달 가까이 장마가 계속되는 것은 두 공기 덩어리의 힘이 비슷하기 때문이야. 이렇게 공기 덩어리들이 서로 맞서다가, 대개 7월 말쯤 북태평양 고기압의 힘이 더 강해져서 오호츠크해 고기압을 북쪽으로 밀어내면 장마가 끝나고 무더위가 시작돼.

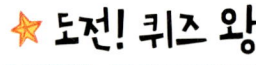 도전! 퀴즈 왕

1. 공기와 바람에 대한 설명으로 틀린 것을 고르세요.

① 공기는 무게가 없거나, 있더라도 아주 가벼워요.

② 많은 공기가 빠른 속도로 움직이면 자동차나 집도 날아갈 수 있어요.

③ 바람은 공기의 양이 많은 곳에서 적은 곳으로 불어요.

④ 공기의 온도 차이 때문에 고기압과 저기압이 만들어져요.

⑤ 지구 표면이 저기압일 때 구름이 만들어져요.

2. 바닷가에서 바다와 육지의 온도 차이 때문에 생기는 바람을 '해륙풍'이라고 해요. 아래 그림을 잘 보고 낮과 밤에 부는 바람의 이름을 쓰고, 바람이 부는 방향을 화살표로 그려 보세요.

3. 우리나라의 계절풍에 대한 설명으로 틀린 것을 고르세요.

① 여름에는 육지에서 바다로, 겨울에는 바다에서 육지로 불어요.

② 여름에 우리나라에는 북태평양에서 무덥고 습한 바람이 불어와요.

③ 우리나라 겨울 날씨의 특징인 '삼한 사온'은 북서 계절풍의 영향이에요.

④ 물은 천천히 데워지고 천천히 식는 반면, 흙은 빨리 데워지고 빨리 식어요. 이 때문에 생기는 온도 차이가 계절풍과 해륙풍을 만들어요.

⑤ 계절풍은 매일 아침저녁으로 바람의 방향이 바뀌지는 않아요.

4. 여름철 우리나라에는 장마가 들어요. 장마를 만드는 두 공기 덩어리의 이름과 성질을 써 보세요.

> 질문 있어요!

도로시를 오즈의 나라로 날려 보낸 바람이 실제로도 있나요?

동화 『오즈의 마법사』에서 도로시를 오즈의 나라로 날려 보낸 바람은 바로 '토네이도'야. 주로 넓은 평지나 바다에서 발생하는 강렬한 회오리바람인데, 규모도 크고 속도도 빨라서 굉장히 위험해. 넓은 평지가 별로 없는 우리나라 육지에서는 거의 발생하지 않아. 하지만 바다에서는 맹렬한 바람의 소용돌이인 '용오름'을 종종 볼 수 있어.

토네이도는 보통 차고 건조한 공기 덩어리가 따뜻하고 습한 공기 덩어리 밑으로 파고들 때, 빠른 속도로 공기가 하늘 위로 올라가면서 만들어져. 위로 빠르게 올라간 공기는 탑처럼 높고 두꺼운 '적란운'이라는 구름을 만들어. 이 구름의 꼭대기 부근이 천천히 회전하면서 아래쪽으로 내려와 깔때기 모양을 만들다가 땅과 닿으면 토네이도가 돼.

토네이도의 바깥쪽은 위로 올라가려는 공기의 흐름이 굉장히 강하기 때문에, 마치 진공청소기처럼 땅 위의 모든 것들을 빨아올려. 이것들이 엄청난 속도로 돌아가며 서로 부딪쳐서, 토네이도가 지나간 자리는 부서진 집들과 뿌리째 뽑힌 나무 등으로 매우 참혹해지지.

『오즈의 마법사』의 배경이 된 미국 캔자스주에서는 해마다 토네이도로 100여 명이 죽고 1500명 이상이 다친다고 해. 토네이도가 얼마나 무서운 바람인지 상상이 가지? 도로시처럼 토네이도를 타고 올라갔다가 무사히 살아 돌아온 사람들도 있긴 하지만 그렇게 운이 좋은 경우는 아주 드물어. 그러니까 토네이도가 눈에 띄면 무조건 피해야 한다는 거, 잘 알겠지?

④ 태양이 만드는 날씨 변화

날씨 변화의 원동력, 태양

하루 중 가장 추운 때는 언제일까?

 태양은 지구 표면의 온도를 바꾸어 물과 공기를 움직이고 여러 날씨 변화를 만들어 내. 그날그날의 날씨는 물론, 계절의 변화도 태양에서 시작되지. 지금부터는 태양이 지구의 날씨에 얼마나 많은 영향을 미치고 있는지 알아보자.

 계절이 바뀌는 환절기에는 옷 고르기가 쉽지 않아. 쌀쌀한 아침에 맞춰 옷을 입자니 낮이 되면 귀찮은 짐이 될 것 같고, 얇게 입자니 감기에 걸릴까 걱정이 되지. 이런 하루 동안의 기온 변화는 환절기에 특히 심할 뿐, 매일 일어나.

 태양이 지구 표면을 비추는 낮에는 기온이 올라가. 그러다가 태양이 지면 기온이 내려가지.

 그렇다면 하루 중 가장 추운 때는 언제일까? 당연히 한밤중이라고? 에이, 다시 한번 잘 생각해 봐!

해가 지면 지구 표면은 계속 식어. 그러니까 지표면이 가장 오래 식었을 때가 가장 춥겠지? 그때가 언제일까? 맞아, 하루 중 가장 추운 때는 바로 해가 뜨기 직전이야. 겨울 아침 등굣길이 저녁 하굣길보다 추운 이유도, 이슬이나 안개가 주로 이른 아침에 생기는 것도 다 그 때문이란다.

태양의 높이에 따라 낮의 기온이 변해!

그럼 태양이 떠 있는 낮 동안에는 기온이 어떻게 변할까?

해가 뜨면 지구 표면이 데워지면서 기온이 점점 올라가. 하지만 기온이 계속 올라가는 건 아니야. 기온은 어느 정도 올라가면 다시 떨어지기 시작해. 왜 그럴까?

오른쪽 그림을 봐. 시간에 따라 태양의 높이가 달라지지? 태양의 높이가 낮으면 태양이 넓은 지역을 비스듬히 비추고, 태양의 높이가 높으면 태양이 좁은 지역을 집중적으로 비춰. 즉 일정한 넓이의 지표면에 가장 많은 태양 에너지가 도달하는 때는 태양이 가장 높이 떠 있는 오후 12시 무렵이야.

그런데 태양의 높이가 가장 높을 때 하루 중 기온도 가장 높은 것은 아니야. 태양이 가장 높이 떠 있을 때는 오후 12시경이지만 기온이 가장 높은 때는 오후 2~3시경이거든. 왜냐고?

가스레인지에 물을 끓일 때 불을 켜자마자 물이 끓지는 않잖아? 물이 데워지려면 시간이 걸리니까. 마찬가지로 햇빛이 지표면을 데우는 데도 시간이 좀 걸려. 그래서 오후 12시경이 아니라 오후 2~3시경에 가장 기온이 높은 거란다.

낮과 밤은 왜 생기는 걸까?

태양은 아침에 떠서 저녁에 지는 일을 반복하면서 하루의 기온 변화를 일으켜. 그런데 이렇게 낮과 밤이 생기는 건 사실 지구의 움직임 때문이야.

지구는 팽이가 돌듯 끊임없이 돌고 있어. 지구가 하루에 한 바퀴씩 스스로 도는 것을 **자전**이라고 해. 지구가 서쪽에서 동쪽으로 자전하기 때문에, 지구 위에 있는 우리에게는 태양이 동쪽에서 떠서 서쪽으로 지는 것처럼 보이지.

자, 지구가 자전하는 동안 태양의 위치가 어떻게 변하는지 좀 더 자세히 살펴보자.

위 그림에서 볼 수 있듯이 태양은 지구를 계속해서 비추지만, 지구는 자전하기 때문에 태양 빛을 받을 때와 받지 못할 때가 있어. 즉 지구의 자전으로 낮과 밤이 생기는 거야. 태양 빛을 받을 때는 낮이 되고, 태양 빛을 받지 못할 때에는 밤이 되는 거지.

계절마다 태양이 뜨는 위치와 시간이 달라!

이번에는 계절마다 태양이 어떻게 움직이는지 알아보자.

오른쪽 그림을 봐. 같은 장소인데도 계절에 따라 태양이 뜨는 위치, 남쪽 하늘에 있을 때 태양의 높이, 태양이 뜨고 지는 시간이 달라지는 게 보이니?

태양이 지구 표면과 이루는 각을 **태양의 고도**라고 해. 태양의 고도는 태양이 남쪽 하늘 가운데에 있을 때 가장 높은데, 이때의 고도를 **태양의 남중 고도**라고 하지.

여름에 태양은 동쪽보다 약간 북쪽에서 뜨기 시작해서 남중 고도가 가장 높아. 반면에 겨울에는 동쪽보다 약간 남쪽에서 뜨기 시작해서 남중 고도가 가장 낮지. 봄과 가을에는 동쪽에서 태양이 뜨며, 남중 고도는 여름과 겨울의 중간 정도야.

즉 여름에는 태양이 일찍 뜨고 늦게 져서, 지구 표면이 태양 에너지를 받는 시간이 길어. 강한 태양 에너지가 지구 표면을 오랫동안 데우기 때문에 여름에는 기온이 높이 올라가.

겨울에는 모든 것이 반대야. 태양이 늦게 뜨고 일찍 져서 태양 에너지를 받는 시간이 짧아. 당연히 기온도 낮지.

계절은 왜 생기는 걸까?

그렇다면 도대체 왜 계절에 따라 태양의 남중 고도와 태양이 뜨고 지는 시간이 달라지는 걸까?

지구는 매일 자전하는 동시에 일 년에 한 바퀴씩 서쪽에서 동쪽으로 태양 주위를 돌고 있어. 이것을 **공전**이라고 해. 그런데 지구는 위의 그림처럼 자전축이 23.5도 기울어진 채로 태양의 주위를 공전하고 있어. 그 때문에 지구와 태양의 위치에 따라서 낮과 밤의 길이가 달라져서 계절의 변화가 생겨나. 지구의 자전축이 태양을 향해 있을 때는 낮이 긴 여름이 되고, 자전축이 태양과 반대쪽에 있을 때는 낮이 짧은 겨울이 되는 거야. 만약 지구의 자전축이 기울어 있지 않았다면 일 년 내내 낮과 밤의 길이가 비슷하고 계절의 변화도 없었을걸.

더 알아보기

적도와 북극의 기후는 왜 다를까?

지구 어느 곳에서나 우리나라처럼 사계절이 뚜렷한 것은 아니야. 지구는 둥글기 때문에 태양 에너지를 더 많이 받는 곳이 있는가 하면, 더 적게 받는 곳도 있거든.

태양 에너지가 많이 닿는 적도 부근은 계절의 변화 없이 일 년 내내 더워. 가장 추운 달의 기온도 18도가 넘을 정도이지. 비도 많이 내려서 일 년에 강수량이 2000밀리미터가 넘는 곳도 있어.

반대로 북극, 남극과 그 주변 지역인 극지방은 일 년 내내 추워. 여름 동안에도 눈과 얼음이 완전히 녹지 않아서 농사짓기는 꿈도 못 꿔. 가장 따뜻한 달도 기온이 10도를 넘지 않아.

우리나라처럼 적도와 극지방의 가운데에 있는 중위도 지역은 봄, 여름, 가을, 겨울 사계절의 변화가 뚜렷해. 기후도 온화해서 농사를 짓거나 사람이 살기에 좋지.

하지만 지구 위에서 비슷한 위치에 있다고 해서 기후가 모두 같은 건 아니야. 기후는 지리적 조건에 따라서도 달라질 수 있거든. 예를 들어 우리나라는 국토의 삼면이 바다로 둘러싸인 반도여서, 여름과 겨울 동안 대륙과 바다의 온도 차이로 생기는 계절풍의 영향을 많이 받아.

⭐ 도전! 퀴즈 왕

1. 하루 중 가장 추운 때는 언제이고, 그 이유는 무엇인가요?

   ① 해가 졌을 때   ② 한밤중   ③ 해가 뜰 무렵

   이유:

   ----

2. 태양의 높이에 따른 기온 변화에 대한 설명으로 틀린 것을 고르세요.

   ① 태양의 높이가 높을 때 태양 빛은 더 좁은 지역을 집중적으로 비춰요.

   ② 태양의 높이가 낮을 때 태양 빛은 더 넓은 지역을 비스듬히 비춰요.

   ③ 태양의 높이가 가장 높을 때 하루 중 기온이 가장 높아요.

   ④ 태양의 높이가 가장 높은 때는 오후 12시경이에요.

   ⑤ 하루 중 기온이 가장 높은 때는 오후 2~3시경이에요.

3. 왼쪽 설명과 오른쪽 단어가 바르게 짝지어진 것을 고르세요.

① 지구가 하루에 한 바퀴씩 스스로 도는 현상 — 태양의 남중 고도

② 태양이 지구 표면과 이루는 각 — 자전축

③ 태양이 남쪽 하늘에 있을 때의 고도 — 자전

④ 지구가 일 년에 한 바퀴씩 태양 둘레를 도는 것 — 공전

⑤ 지구가 자전할 때 중심이 되는 축 — 태양의 고도

4. 지구의 자전과 공전에 대한 설명으로 틀린 것을 고르세요.

① 지구의 자전으로 낮과 밤이 생겨요.

② 지구가 서쪽에서 동쪽으로 자전하기 때문에, 태양이 동쪽에서 떠서 서쪽으로 지는 것처럼 보여요.

③ 지구가 자전축이 23.5도 기울어진 채 태양 주위를 돌기 때문에 계절의 변화가 생겨요.

④ 지구의 자전축이 태양을 향해 있을 때는 낮이 짧은 겨울이 돼요.

⑤ 지구의 자전축이 기울어져 있지 않았다면 일 년 내내 낮과 밤의 길이가 비슷했을 거예요.

정답 1.③ 지표면이 가장 온도가 상승할 때임에 배웠어 2.③ 3.④ 4.④

> 질문 있어요!

지구와 태양이 지금보다 더 멀거나 가까우면 어떻게 되나요?

넓디넓은 우주에서 지구는 생명체가 사는 아주 특별한 행성이야. 태양 주위를 도는 여덟 개의 행성 중에 생명체가 살 수 있는 것은 지구뿐이지. 왜 그럴까?

그건 지구가 태양으로부터 생명체가 살기에 적당한 거리에 있기 때문이야. 여기서 말하는 '적당한 거리'란 물이 고체 상태의 얼음이나 기체 상태의 수증기가 아닌, 액체 상태의 물로 존재할 수 있는 거리를 뜻해. 생명체가 존재하기 위해 가장 중요한 조건 중 하나가 바로 '액체 상태의 물'이거든.

우리 몸의 70퍼센트가 물이라는 것은 다들 알고 있지? 액체 상태의 물은 우리 몸에 필요한 여러 물질들을 녹여서 필요한 곳에 전달해 주고, 노폐물을 몸 밖으로 내보내 줘. 액체 상태의 물은 온도가 쉽게 변하지 않기 때문에 체온을 일정하게 유지하는 데에도 중요해. 고체인 얼음이나 기체인 수증기 상태에서는 이런 역할을 할 수가 없어.

태양 주위에서 물이 액체 상태로 존재할 수 있는 거리를 '골디락스 존(생명체가 살아갈 수 있는 곳)'이라고 해. 태양이 지금보다 조금 더 가깝거나 멀리 있어서 지구가 골디락스 존을 벗어났다면, 지구에는 사람을 비롯해 어떤 생명체도 살 수 없었을 거야.

⑤

사람이 만든 기후 변화

지구 온난화와 이상 기후

지구가 점점 뜨거워지고 있어!

지금까지 우리는 물, 공기, 태양이 날씨를 어떻게 바꾸는지 살펴봤어. 여기에 또 하나, 날씨에 큰 영향을 주는 요소가 있어. 바로 사람이야.

사람은 매일의 날씨 정도가 아니라, 지구 전체의 기후를 바꿔 버렸어. 인공 강우처럼 미리 계획한 변화가 아니라, 그 결과를 전혀 예상할 수 없는 변화였지.

지구의 평균 기온이 빠르게 올라가는 **지구 온난화**가 바로 사람이 만든 대표적인 기후 변화야. 최근 100년 동안 지구의 평균 기온은 1도가량 올랐어. 이것은 지난 수만 년 동안 지구에서 일어난 기온 변화에 맞먹는 수치야.

평균 기온이 빠르게 올라가면서 지구 곳곳에서 폭염과 가뭄, 강추위와 폭설 같은 이상 기후가 나타나고 있어. 2021년 2월, 1년 내내 따뜻한 미국 텍사스주에서 영하 17도의 강추위가 2주간이나 계속되었어. 반면에 같은 해 7월 캐나다에서는 50도에 가까운 불볕더위로 1주일간 719명이나 목숨을 잃었지.

지구 온난화의 원인은 무엇일까? 지구 온난화로 인한 기후 변화에는 어떤 것이 있을까? 지구 온난화는 우리 삶에 얼마나 많은 영향을 주고 있을까? 지구 온난화를 막을 방법은 정말 없는 걸까? 지금부터 하나하나 알아보자.

지구 온난화는 왜 일어났을까?

　지구의 가장 큰 골칫거리가 된 지구 온난화의 원인은 바로 온실가스야. 지구의 대기에 있는 기체 중 이산화 탄소, 메테인, 수증기, 오존 같은 온실가스는 마치 온실의 유리와 같은 역할을 해. 햇빛은 잘 받아들이고 열은 잘 내보내지 않는 온실처럼, 지구에서 우주로 빠져나가는 열을 붙잡아서 지구를 따뜻하게 만드는 거야. 이것을 온실 효과라고 해.

　사실 적당한 온실 효과는 사람과 동물과 식물이 지구에서 살아가는 데 꼭 필요해. 온실 효과가 아니었다면, 지구의 온도는 지금보다 훨씬 낮아서 생물이 살기 어려웠을 거야.

태양 에너지가 지구로 들어와.

와! 강렬해!

그런데 18세기 말부터 사람들이 석유와 석탄 같은 화석 연료를 에너지로 쓰기 시작하면서 이산화 탄소의 양이 빠르게 늘어났어. 자동차를 타고, 텔레비전을 보고, 컴퓨터를 하는 등 우리가 하는 대부분의 활동이 화석 연료를 태워서 만든 에너지에 기대고 있거든. 이산화 탄소는 여러 온실가스 중에서도 온실 효과에 가장 큰 영향을 미치는 기체야. 따라서 지구 온난화를 막으려면 화석 연료의 사용을 줄이는 등 대기 중의 이산화 탄소 양을 조절할 방법을 찾아야 해.

지구가 내놓는 에너지를 온실가스가 흡수해서 지구를 따뜻하게 해.

지구 온난화가 불러온 이상 기후

빙하가 녹고 섬나라들이 사라져!

북극은 지구 온난화로 인해 가장 큰 변화를 겪고 있는 곳 중 하나야. 북극을 덮고 있던 빙하가 빠른 속도로 녹으면서 바다표범 같은 동물들은 살 곳을 잃었고, 바다표범을 먹고 사는 북극곰 등은 먹이를 구하기가 힘들어졌어. 북극에서 사냥과 낚시를 하고 살던 이누이트들도 곤경에 처했어.

남극 대륙의 빙하가 녹는 것은 더 큰 문제야. 바닷물이 얼어서 만들어진 북극의 빙하와 달리, 남극 대륙의 빙하가 녹으면 지구 전체 바닷물의 높이가 올라가거든. 실제로 빙하가 녹으면서 남태평양의 작은 섬나라 투발루의 몇몇 섬들은 이미 바닷물에 잠겨 버렸어.

또 지구 전체의 기온이 올라가면서 더운 지역에서만 살던 해충들이 점점 더 넓은 지역으로 퍼져 나가는 것도 큰 걱정거리야. 이미 많은 사람들과 가축들, 농작물들이 피해를 입고 있지. 이렇게 지구 온난화는 어느 한 지역, 한 나라만의 문제가 아니라 지구 전체의 문제야.

삼한 사온이 사라져!

최근 들어 겨울이 변덕스러워. 매서운 추위가 겨울 내내 이어지기도 하고, 겨울인가 싶게 따뜻한 날씨가 계속되기도 해.

이렇게 정반대의 겨울 날씨가 나타나는 원인도 바로 지구 온난화야!

지구 한가운데인 적도를 중심으로 지구를 둘로 나누었을 때 북쪽 부분인 북반구에서 가장 추운 곳은 어딜까? 당연히 북극이지. 그 북극의 찬 바람이 우리나라로 불어오면 정말 춥겠지?

다행히 얼마 전까지는 이 차가운 북극 바람이 **제트 기류**에 막혀서 우리나라로 불어오지 못했어. 제트 기류는 북극의 찬 공기와 그 아랫부분의 따뜻한 공기 사이를 흐르는 바람이야. 북극의 찬 공기는 이 바람에 막혀 아래쪽으로 내려오지 못하지.

그런데 최근 들어 지구 온난화로 북극의 기온이 올라가면서 제트 기류가 점점 약해지고 있어. 제트 기류는 찬 공기와 따뜻한 공기의 기온 차이가 클수록 힘이 세지거든.

이 때문에 북극의 차가운 바람이 우리나라에까지 내려와 매서운 추위를 가져오는 거야. 게다가 겨울철에 늘 불어오는 바람에도 영향을 미쳐 삼한 사온도 점차 사라지고 있지. 어쩌면 '삼한 사온'도 옛말이 될지 몰라!

태풍이 점점 강해져!

여름이면 우리를 찾아오는 반갑지 않은 손님이 있어. 바로 엄청난 바람과 함께 무시무시한 양의 비를 뿌리는 태풍이야.

태풍은 무더운 적도 주변의 열대 바다에서 만들어져. 태풍이 만들어지려면 어마어마한 양의 수증기가 있어야 하는데, 열대 바다는 바닷물의 온도가 높아서 수증기를 모으기에 좋거든. 또 적도 부근에서는 바람이 세게 불지 않고 대기가 안정되어 있어서, 태풍을 만드는 높고 두꺼운 구름을 이루기에도 좋아.

그런데 최근 들어 지구 온난화로 바다의 온도가 올라가면서 태풍이 만들어지는 지역이 점점 넓어지고 있어. 또 태풍에 필요한 수증기도 더욱 많이 공급받을 수 있게 되었지. 태풍은 수증기를 많이 포함할수록 더 크고 강해져. 수증기가 응결할 때 발생하는 열이 태풍의 에너지가 되거든.

그러니까 이대로 지구 온난화가 계속되면 태풍으로 인한 피해도 더 자주, 더 크게 발생하게 될 거야.

대기 오염이 날씨에 미치는 영향

미세 먼지와 스모그

사람들이 편리한 생활을 위해 공장을 짓고 자동차를 타면서 대기는 크게 더럽혀졌어. 자동차가 내놓는 배기가스나 공장에서 나오는 매연에는 이산화 탄소를 비롯해 우리 몸에 해로운 화학 물질과 미세 먼지가 많이 들어 있어. 이런 것들이 대기에 섞여 들면 지구 온난화의 원인이 될 뿐 아니라, 사람들의 건강도 해칠 수 있어.

눈에 보이지 않는 가늘고 작은 **미세 먼지**가 사람의 코를 통해 폐로 들어가면 기침이 나고 숨쉬기가 힘들어. 또 미세 먼지가 눈이나 피부에 닿으면 결막염이나 피부병을 앓을 수도 있어.

그뿐만이 아니야. 최근 우리나라에서는 중국에서 발생한 스모그가 큰 문제가 되고 있어. **스모그**는 '연기(Smoke)'와 '안개(Fog)'를 뜻하는 영어가 합쳐진 말이야. 공기 중의 오염 물질과 수증기가 한데 엉겨 붙어 만들어지는데, 안개와 달리 해가 뜬 후에도 잘 사라지지 않아.

스모그가 얼마나 위험한지는 1952년 영국 런던에서 일어난 일을 보면 알 수 있어. 당시 런던에서는 스모그가 5일간 계속되면서 무려 1만 명이 넘는 사람들이 목숨을 잃었어.

그런데 중국의 스모그가 왜 우리나라에서 문제가 되는 걸까? 지구 자전의 영향으로 우리나라에는 일 년 내내 서풍이 불어. 이 서풍을 타고 중국의 스모그가 우리나라로 불어와. 그 영향으로 우리나라에서 초미세 먼지 또는 미세 먼지가 '나쁨' 상태를 보이는 날이 많아.

중국의 사막화와 황사

중국에서 불어오는 서풍으로 인한 또 다른 문제는 바로 황사야. **황사**는 중국 북부와 몽골에 있는 사막의 누런 모래가 강한 바람에 휩쓸려 우리나라로 날아오는 현상을 말해.

황사는 먼 옛날에도 있었어. 하지만 얼마 전까지는 봄철에만 잠깐씩 나타났고 피해도 그리 크지 않았어. 황사가 지금처럼 문제가 된 건, 중국에 사막이 빠른 속도로 늘어나면서부터야.

지구 온난화로 메마른 날씨가 계속되면서 중국의 사막은 점점 커지고 있어. 중국 정부가 경제 개발을 위해 나무를 마구잡이로 베어 버리면서 사막화는 더욱 빠르게 진행되었어. 이렇게 사막이 늘어나자 계절에 관계없이 황사가 발생하기 시작했어. 황사의 강도도 점점 세지고 있고.

황사에 섞여 들어오는 각종 오염 물질은 사람에게 천식, 기관지염, 눈병, 피부병 같은 병을 일으킬 뿐 아니라 소, 돼지 같은 가축에게도 해로워. 또 황사가 태양 빛을 막아서 농작물도 잘 자라지 못하고, 비행기 엔진 같은 정교한 기계가 망가지기도 해.

황사로 인한 피해는 일차적으로 중국에서 가장 크지만, 중국 동쪽에 있는 우리나라도 영향을 만만치 않게 받아. 그래서 최근에는 우리나라 정부와 기업들이 중국에 나무를 심는 등 사막화를 막는 일에 나서고 있단다.

지구 온난화를 막기 위한 노력

지구 온난화는 우리 모두가 만들어 낸 문제니까, 다 함께 해결책을 찾아야 해. 지구 온난화 문제를 해결하기 위해 우리가 할 수 있는 일에는 무엇이 있을까?

전기를 아껴 쓰는 것은 지구 온난화를 막는 가장 좋은 방법이야. 전기를 만드는 데는 어마어마한 석유와 석탄이 쓰이거든. 전기를 아껴 쓰면 소중한 자원을 절약할 수 있을 뿐 아니라, 지구 온난화의 주범인 이산화 탄소도 줄일 수 있어.

에어컨 대신 선풍기를 틀고, 사용하지 않는 텔레비전과 컴퓨터와 충전기의 플러그를 뽑아 두고, 필요하지 않은 조명을 끈다면 많은 전기를 아낄 수 있겠지?

또 겨울에 내복을 입거나 겉옷을 하나 더 걸치면, 난방에 쓰는 석유나 가스를 줄일 수 있어. 가까운 거리는 걸어 다니고, 자가용보다는 지하철이나 버스 같은 대중교통을 이용하는 습관도 들이면 좋아. 석유로 만드는 일회용품의 사용도 줄이고.

나아가 이산화 탄소가 발생하지 않는 친환경 에너지 개발에도 관심을 기울여야 해. 지금도 물의 힘을 이용한 수력 발전, 파도의 움직임을 이용한 파력 발전, 바람을 이용한 풍력 발전, 태양 에너지를 전기로 바꾸는 태양열 발전 같은 친환경 에너지를 사용하고는 있지만 아직은 그 양이 많지 않아.

물, 공기, 태양이 만드는 날씨를 우리가 바꿀 수는 없어. 하지만 지구 온난화로 인한 이상 기후는 우리 힘으로 바로잡을 수 있어. 미래의 날씨를 지키는 건 바로 너라는 거, 잊지 마!

더 알아보기

기후를 바꾸는 엘니뇨와 라니냐

2015년 5월 21일, 인도의 수도 뉴델리의 기온이 42.6도까지 치솟았어. 아스팔트 도로가 녹아내릴 정도의 불볕더위가 두 달 넘게 계속되면서 인도에서는 2500명이 넘는 사람이 목숨을 잃었어. 비슷한 시기, 미국 텍사스주에서는 엄청난 양의 비가 쏟아졌어. 5월 한 달 동안 텍사스주에 내린 비의 양은 무려 140조 9900억 리터나 되었다고 해. 우리나라에서도 장마철에 비가 내리지 않는 마른장마로, 가뭄 피해가 크게 났어. 최근 들어 지구촌 곳곳을 휩쓸고 있는 이런 기상 재해의 원인 중 하나로 과학자들은 '엘니뇨'를 꼽고 있어.

폭염, 가뭄, 홍수를 일으키는 엘니뇨

지구가 서쪽에서 동쪽으로 자전하기 때문에 적도 지방에서는 늘 동풍(무역풍)이 불어. 이 바람이 태평양 표면의 바닷물을 동쪽에서 서쪽으로 밀어 보내서, 태평양 동쪽에서는 '용승 현상'이 일어나. 서쪽으로 밀려간 바닷물만큼 바닷속 저 밑에서 차가운 물이 솟아올라서, 바닷물의 온도가 차가워지는 거야.

그런데 어떤 원인 때문에 적도 지방에서 부는 바람이 약해지면, 서쪽으로 밀려가는 바닷물의 양이 적어져서, 태평양 동쪽의 바닷물 온도가 평소보다 올라가게 돼. 이렇게 태평양 동쪽의 바닷물 온도가 다른 때보다 높아지는 현상을 엘니뇨라고 해. 엘니뇨가 발생하면 태평양 서쪽에는 가뭄이 나타나. 동쪽에서 오는 따뜻한 바닷물의 양이 줄어들어 대기 중에서 위쪽으로 올라가는 공기의 흐름인 상승 기류가 약해지기 때문이야. 쉽게 말해 비구름이 잘 안 만들어지는 거지. 반대로 태평양 동쪽에서는 따뜻한 바닷물이 증발하면서 많은 구름을 만들어서 큰비가 내려.

사실 엘니뇨는 오래전부터 일정한 간격을 두고 되풀이된 자연 현상이야. 하지만 최근 들어 엘니뇨로 인한 피해가 점점 크고 강해지고 있어. 그래서 많은 과학자들이 지구 온난화가 엘니뇨에 영향을 주고 있는 것이 아닌지 걱정하고 있지.

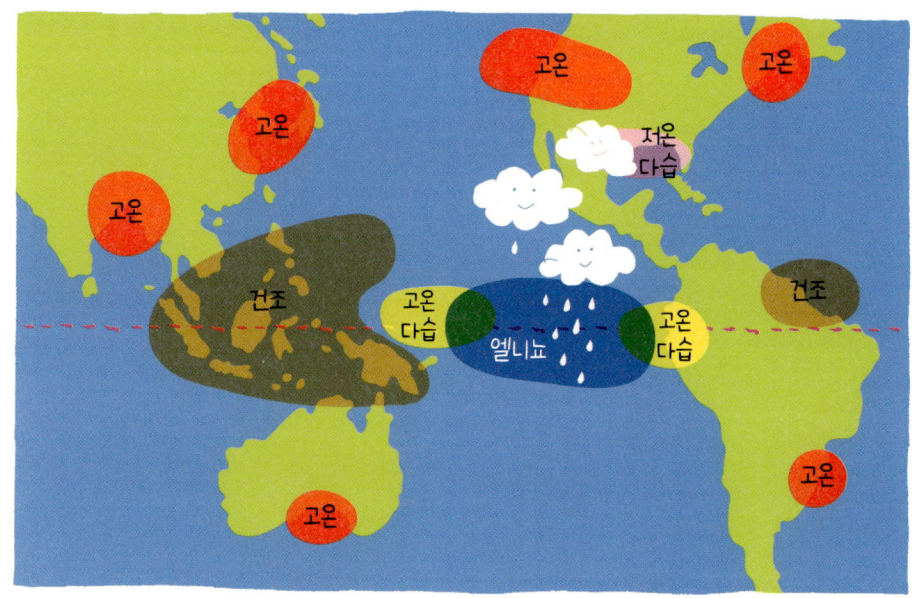

이상 기후의 또 다른 원인, 라니냐

이번엔 '라니냐'에 대해 알아볼까? 라니냐는 엘니뇨의 반대 현상이야. 적도 지방에서 부는 바람이 세지면 태평양 동쪽에서 서쪽으로 밀려가는 물의 양도 더 많아져. 그러면 태평양 동쪽 바다에서는 빈자리를 채우기 위해 용승 현상이 더 활발하게 일어나고, 바닷물의 온도는 평소보다 차가워지지. 이렇게 태평양 동쪽의 바닷물 온도가 다른 때보다 낮아지는 현상을 라니냐라고 해.

라니냐가 발생하면 태평양 서쪽에서는 큰비가 내려. 동쪽에서 따뜻한 바닷물이 많이 흘러들어 와 바닷물의 온도가 높아지고, 상승 기류가 강해져 비구름이 많이 만들어지기 때문이야. 이때 반대편인 태평양 동쪽은 어떨까? 맞아, 바닷물이 차가워지면서 비구름이 잘 만들어지지 않아 가뭄이 나타나곤 해.

이렇게 적도 부근의 태평양에서 일어나는 엘니뇨와 라니냐는 멀리 떨어진 곳에도 영향을 주어 결국 전 세계의 기후에 영향을 미친단다.

 도전! 퀴즈 왕

1. 지구 온난화로 인한 기후 변화에 대한 설명이에요. 자음을 보고 단어를 맞혀 보세요.

- 북극의 ㅂㅎ가 녹으면서 바다표범 같은 동물들이 살 곳을 잃었어요.

- 남극 대륙의 빙하가 녹으면서 바닷물의 높이가 점점 올라가고 있어요. 남태평양의 섬나라 ㅌㅂㄹ의 몇몇 섬들은 이미 바닷물에 잠겼어요.

- 더운 지역에서만 살던 ㅎㅊ들이 더 넓은 지역에 살게 되면서 가축과 농작물이 큰 피해를 입고 있어요.

- 북극의 기온이 올라가면서 ㅈㅌ ㄱㄹ가 약해져서 중위도 지역의 겨울이 점점 추워지고 있어요.

- 지구 온난화로 중국의 사막이 늘어나면서 계절에 관계없이 ㅎㅅ가 발생하고 있어요.

----

2. 다음 설명을 잘 읽고 맞으면 O, 틀리면 X 표시 하세요.

- 지구의 평균 기온이 빠르게 올라가는 현상을 '지구 온난화'라고 해요. (   )
- 최근 100년 동안 지구의 기온은 전혀 변하지 않았어요. (   )
- 지구 온난화의 원인은 이산화 탄소, 메테인, 수증기, 오존 같은 온실가스예요.
  (   )
- 온실 효과는 생물이 살아가는 데 전혀 도움이 되지 않아요. (   )
- 사람들이 석유, 석탄 같은 화석 연료를 에너지로 쓰면서 온실 효과가 너무 강해져 버렸어요. (   )

3. 지구 온난화를 막기 위한 노력으로 틀린 것을 고르세요.

① 자가용보다는 지하철이나 버스 같은 대중교통을 이용해요.
② 지구 온난화는 이산화 탄소를 많이 내놓는 몇몇 나라의 책임이에요.
③ 수력, 파력, 풍력, 태양열 발전 같은 친환경 에너지 개발을 위해 노력해요.
④ 겨울에 보일러의 온도를 높이는 대신 내복을 입거나 겉옷을 걸쳐요.
⑤ 사용하지 않는 텔레비전이나 컴퓨터, 충전기의 플러그를 뽑아 두어요.

정답 1. 유익후, 뜨뜻함, 해충, 재료 기관, 동사 2. O, X, O, X, O 3. ②

질문 있어요!

 **지구 온난화를 막지 못하면 어떤 일이 벌어지나요?**

지난 100여 년간 지구의 평균 기온은 1도가량 높아졌어. 별거 아니라고? 지난 1만 년 동안 지구의 평균 기온은 4도가량 상승했어. 이와 비교하면 지구는 지금 엄청나게 빠른 속도로 뜨거워지고 있어.

지구의 평균 기온이 올라가면서, 기후 변화에 적응하지 못해 멸종하는 생물들도 크게 늘고 있어. 바뀐 기후에 맞춰 살아갈 방법을 찾지 못한 동물과 식물들이 사라지고 있는 거야.

예컨대 북극의 빙하 위에서 살아가는 북극곰은 최근 들어 살이 빠지고 새끼도 적게 낳는다고 해. 지구 온난화로 북극의 가을과 겨울이 짧아진 데다, 얼음이 자꾸만 녹아내려서 먹이를 사냥해 몸에 지방을 쌓을 수 있는 기간이 줄어들었기 때문이야. 실제로 북극의 빙하는 지난 40년 동안 계속해서 줄어들었어.

중앙아메리카 남쪽에 있는 코스타리카에서 멸종한 황금두꺼비를 비롯해, 지구 온난화로 멸종 위기에 처한 생물은 약 100만 종에 이른다고 해. 1도가량의 작은 온도 변화가 지구에 사는 생물들에게는 큰 위협이 될 수 있는 거야.

과학자들은 지구의 평균 기온이 지금보다 2~3도 더 올라가면 최대 54퍼센트의 생물이, 6도 더 올라가면 95퍼센트의 생물이 사라지게 될 거라고 경고하고 있어. 우리가 지구에서 계속 안전하게 살아가려면 지구 온난화를 막고 기후 변화를 늦추기 위해 노력하지 않으면 안 돼.

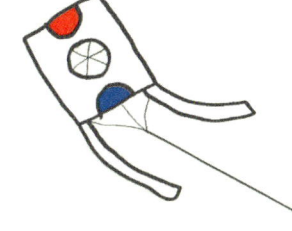

글쓴이 이챠니

이화 여자 대학교에서 과학 교육과 심리학을 공부했다. 출판사에서 편집자로 일했고, 지금은 고등학교에서 과학을 가르치고 있다. 세상에서 과학이 제일 재미있어서, 어떻게 하면 학생들에게도 '과학의 재미'를 잘 전할 수 있을지 늘 고민 중이다.

그린이 우지현

북한산 아래 작은 마을에서 태어났다. 숲과 도서관을 좋아하고, 날마다 그림을 그리며 살고 있다. 쓰고 그린 책으로 『울보 바위』, 『느릿느릿 도서관』, 『걸었어』(공저), 『내가 태어난 숲』(공저) 등이 있고, 그린 책으로는 『수학 도깨비』, 『아빠와 함께 걷는 문학 길』, 『마고할미네 가마솥』, 『위기일발 지구를 구한 감동의 환경 운동가들』, 『송곳니의 법칙』 등이 있다.

1 날씨와 기후 변화

과학은 쉽다!

1판 1쇄 펴냄 2015년 8월 31일 1판 5쇄 펴냄 2021년 5월 27일
2판 1쇄 펴냄 2022년 4월 20일 2판 5쇄 펴냄 2025년 8월 4일
글 이챠니 그림 우지현
펴낸이 박상희 **편집장** 전지선 **편집** 송재형 **디자인** 정상철, 이슬기
펴낸곳 (주)비룡소 출판등록 1994. 3. 17(제16-849호)
주소 (06027) 서울시 강남구 도산대로1길 62 강남출판문화센터 4층
전화 02)515-2000 **팩스** 02)515-2007 **홈페이지** www.bir.co.kr
제품명 어린이용 반양장 도서 **제조자명** (주)비룡소 **제조국명** 대한민국 **사용연령** 3세 이상

ⓒ 이챠니, 우지현, 2015. Printed in Seoul, Korea.

ISBN 978-89-491-8928-4 74400/ 978-89-491-8927-7(세트)